AF283005

PABLO LÓPEZ

Y SE FUE POR LAS RAMAS

PABLO LÓPEZ

Y SE FUE POR LAS RAMAS

HAIKUS ILUSTRADOS DEL OCCIDENTE ASTURIANO

ILUSTRACIONES DE ÁNGEL LÓPEZ

bubok
EDITORIAL

© Pablo López
© Y se fue por las ramas

Marzo 2025

ISBN papel: 978-84-685-8741-7
ISBN ePub: 978-84-685-8742-4

Depósito legal: M-7707-2025
SafeCreative: 2503171188501

Editado por Bubok Publishing S.L.
equipo@bubok.com
Tel: 912904490
Paseo de las Delicias, 23
28045 Madrid

Reservados todos los derechos. Salvo excepción prevista por la ley, no se permite la reproducción total o parcial de esta obra, ni su incorporación a un sistema informático, ni su transmisión en cualquier forma o por cualquier medio (electrónico, mecánico, fotocopia, grabación u otros) sin autorización previa y por escrito de los titulares del copyright. La infracción de dichos derechos conlleva sanciones legales y puede constituir un delito contra la propiedad intelectual.

Diríjase a CEDRO (Centro Español de Derechos Reprográficos) si necesita fotocopiar o escanear algún fragmento de esta obra (www.conlicencia.com; 91 702 19 70 / 93 272 04 47).

A Lola, Dora, Andrés y Lucy.

NOTA PREVIA

La jubilación de Ángel supuso el inicio de una nueva afición: el dibujo. Nunca antes había dibujado, pero en la familia todos tenían claro —en el fondo, incluso él—, que el cuaderno y la tinta iban a sustituir al paritorio y el bisturí. En poco tiempo llenó una libreta con buena parte de los faros de la costa española. Pronto pasó a dibujar monumentos y lugares que había visitado a lo largo de su vida. Por la misma época, Pablo descubría, junto a sus alumnos, la técnica de los haikus (poemas de origen japonés divididos en tres versos de 5-7-5 sílabas, con dominio de la naturaleza en su temática). En una tarde de primavera, probó a escribir haikus a los dibujos de Ángel. El resultado fue muy gratificante y motivador para los dos. Ahí nació este libro. De un entretenimiento, de casi una broma.

Lo que los lectores se encontrarán aquí es una combinación del trabajo de ambos: un haiku de Pablo para cada ilustración de Ángel, todas ellas hechas a partir de fotografías tomadas por él mismo. Para darle unidad a la obra, se han centrado en el occidente de Asturias, la tierra que acogió a Ángel y en la que nació y se crio Pablo.

Esta es una obra para observar más que para leer. Para relajarse y para invitar a todos a la reflexión, a la pausa y al disfrute de las propias aficiones como Ángel y Pablo han disfrutado del tiempo juntos haciendo este libro.

Ángel y Pablo.
Villapedre, febrero de 2025.

Castropol

I

La suave arena,
perezosa en la ría,
se arremolina.

Playa de Peñarronda (Castropol – Tapia de Casariego)

II

Es la delicia
de esta arena tan cálida
entre los dedos.

Jardín

III

Del miedo crecen,
como telas de araña,
más y más miedos.

Salas

IV

Torre almenada,
tiempo pesado, vacío,
indestructible.

Villapedre (Navia)

V

El girasol
no elige su destino,
pero es feliz.

Palacio de Tox (Navia)

VI

Nubes del cielo,
amalgama de grises,
los besos pardos.

Carbayón de Valentín (Tineo)

VII

Fue la más lista
y se fue por las ramas,
sin decir nada.

Tejos de Busqueimado (Santa Eulalia de Oscos)

VIII

Cuántos venenos,
pócimas y conjuros…
desperdiciados.

Luarca (Valdés)

IX

Sobre la muerte,
en una tarde gris,
alza la luz.

Embalse de Doiras (Boal)

X

La primavera
finge ser un otoño
irresponsable.

Ría del Eo

XI

No hay frontera
más hermosa que aquella
que no se ve.

Lagunas de Saliencia (Somiedo)

XII

Bebí de ti,
madre, toda la fuerza,
toda la vida.

Puerto de Viavélez (El Franco) con la Gran ola de Kanagawa

XIII

Y tengo miedo
a las olas salvajes
de tus impulsos.

La Garganta (Villanueva de Oscos)

XIV

Es el silencio
un lugar luminoso
e insuficiente.

Tapia de Casariego

XV

Noche salada
con estrellas fugaces
allí en el cielo.

Monasterio de Corias (Cangas del Narcea)

XVI

Hoy soy feliz
porque no tengo miedo
a tu silencio.

Castro Chao Samartín (Grandas de Salime)

XVII

En el monte,
tentáculos de Roma.
SPQR.

Casa Anita (Boal)

XVIII

Piedra con piedra,
¿y qué fue de nosotros?
Piedra con piedra.

Jardín

XIX

Es el amor,
¡Oh veneno suäve!,
dulce Amanita.

Senda costera (Coaña)

XX

Cogí el camino
que tan solo podía
llevarme a ti.

Unirock, Puerto de Vega (Navia)

XXI

Comunidad.
Alegría en el pueblo,
rock en la plaza.

Cudillero

XXII

El cormorán
extiende su ley, firme
sobre la roca.

Mazonovo (Taramundi)

XXIII

Entre las ruedas
resuena el ruido rápido
del ronco río.

Ancadeira (Santa Eulalia de Oscos)

XXIV

Como aquella
ventana sin luz
que no recibe amor.

Jardín

XXV

La mariposa
revolotea absorta,
tal vez incrédula.

Pardiñas (Taramundi)

XXVI

Amor es a vida
como aire al fuego:
aviva la llama.

Camino de Santiago

XXVII

Fui peregrino
en sus ojos marrones,
en su mirada.

Memorial campo de concentración de Arnao (Castropol)

XXVIII

Hay que construir
muros inquebrantables
con la memoria.

Puerto de Vega (Navia)

XXIX

Aquí te espera,
valiente pescador,
todo tu pueblo.

Playa de Tourán (Valdés)

XXX

Siempre me pierdo
en el inmenso mar
de las metáforas.

Jardín

XXXI

El abedul
ya le cerró la puerta
a un nuevo invierno.

Playa del silencio (Cudillero)

XXXII

Pizarra oscura
en granitos de arena.
Playa salvaje.

Figueras (Castropol)

XXXIII

Caen y caen
estas hojas marrones
sobre el reloj.

Jardín

XXXIV

El zorzal cuida
del paso del tiempo
entre las flores.

Boal

XXXV

A los que huyen
con las maletas llenas
de incertidumbre.

Playa de Portizuelo (Valdés)

XXXVI

Ojo de mar,
ventana que descubre
toda la ciencia.

Senda naviega (Navia)

XXXVII

Hay ocasiones
en las que nos perdemos
sin darnos cuenta.

Navia

XXXVIII

Punto de fuga
hacia el que me dirijo
sin llegar nunca.

Cabo Vidío (Cudillero)

XXXIX

Soñamos mucho,
mientras la luz nos busca
en la distancia.

Palacio de Mohías (Coaña)

XL

Líneas rectas
que silencian mi propia
naturaleza.

Ruta Seimeira (Santa Eulalia de Oscos)

XLI

Volver atrás,
al tallo verde y frágil
de la infancia.

Faro de Tapia de Casariego

XLII

Mordí tu anzuelo,
me fui a contracorriente,
y solté amarras.

Brieves (Valdés)

XLIII

Llueve sin ruido.
Caminas lentamente
bajo la tarde.

Piantón (Vegadeo)

XLIV

Pasan las aguas
sobre distintas vidas
del mismo río.

Villa Argentina, Luarca (Valdés)

XLV

Nos despertamos
con las puertas abiertas
de la nostalgia.